Boandlkramer *

heiter · nachdenklich · skurril · makaber

* Boandlkramer auch Boanlkramer oder einfach
nur Boandl oder Boanl – dabei handelt es sich um
eine alte bayerische Bezeichnung für den Tod

Zum Autor

Rupert Bader wurde am 8. Juni 1946 in Peiting in Oberbayern geboren. Er lernte zunächst Bäcker, schloss mit der Meisterprüfung ab und studierte später bei den Franziskanern in Schwaz in Tirol Theologie. 1981 wurde er in Innsbruck zum Priester geweiht. Seit 1982 ist er im Tiroler Grenzstädtchen Vils als Seelsorger eingesetzt.

Zu seinen bisherigen Werken zählen das Vilser Pfarrbuch „Durch Jahrhunderte getragen" (1995) als wissenschaftliches Werk, welchem ein zweites im Jahr 2014 folgen wird („In der Welt zuhause – in Vils daheim" – Persönlichkeiten aus der Stadt an der Grenze). In seinem aktuell vorliegenden Buch versucht der Autor, Erlebnisse rund um den Tod auf Papier zu bringen.

Rupert Bader

Boandlkramer

heiter • nachdenklich • skurril • makaber

50 wahre Begebenheiten aus Bayern und Tirol rund ums Sterben und den Tod

EHRENBERG-VERLAG

© 2013 EHRENBERG-VERLAG
1. Auflage
Huter & Klimesch GmbH
Mühler Straße 12/7, A-6600 Reutte
www.ehrenberg-verlag.at • info@ehrenberg-verlag.at
ISBN 978-3-901821-24-0

Autor: Rupert Bader

Satz und Layout: Romanesco Werbeagentur
www.romanesco.at

Umschlaggestaltung: Heiko Straßer

Umschlagfoto: Reinhold Schrettl

Illustrationen: Johannes Leismüller

Druck: Best Preis Printing ug. & Co KG
Triple AAA Druckproduktion, D-82229 Seefeld

Vorwort

Alle Geschichten, die Sie in diesem Büchlein lesen, sind wahre Begebenheiten, welche sich im Alpenraum zugetragen haben. Zum großen Teil sind sie selbst erlebt, einige erfuhr ich von meinen Mitbrüdern und von meiner näheren Verwandtschaft.

Dass der Tod früher die Menschen nicht so erschreckte, hat mit der damaligen Natürlichkeit des Sterbens zu tun, aber auch mit dem tiefen Glauben an die Auferstehung. In diesem Sinne sind auch die hier geschilderten Begebenheiten positiv und als äußerst menschlich zu werten.

Eines aber darf nicht übersehen werden: So manche Trauer wurde auch durch groteske Handlungen überspielt.

Dem Leser dieses Büchleins viel Spaß!

Rupert Bader, Stadtpfarrer Vils, 2013

Inhaltsverzeichnis

Totengräber

Einfach makaber

Am Grab

Anmelden

An der kroatischen Küste

Meine Tante, eine Klosterfrau in Baden-Württemberg, hatte immer wieder eigenartige Visionen. Im Sommer 1944 verschwanden plötzlich die Wände ihrer Klosterzelle. Sie fühlte sich an eine Steilküste versetzt. Nun sah sie ihren Bruder Alois und noch vier weitere Soldaten – diese stürzten schwer verletzt in das Meer, das sich rot verfärbte. Dann verschwand diese Vision.

Sie schrieb ihrem Bruder im Rupertiwinkel ihr Erlebnis. Der Bruder antwortete ihr, sie solle nicht solche Sachen schreiben, weil es diese nicht gebe.

Im Jahr 1946 kamen zwei Soldaten zu ihm und fragten ihn, ob er einen Bruder namens Alois habe. Daraufhin erzählten sie haargenau das Gleiche, das seine Schwester geschrieben hatte. Sie selbst konnten noch lebend entkommen, als serbische Soldaten einen Handgranatenangriff auf die fünf Soldaten an der kroatischen Küste verübten.

Das nächtliche Fuhrwerk

Folgende wahre Geschichte erzählte mein Großvater aus dem Chiemgau.

Es geschah im Sommer des Jahres 1910. Der
Mann war bereits mit seiner Gattin im Bett. Gegen 11 Uhr nachts hörten sie ein Pferdefuhrwerk
(mit eisenbereiften Rädern), das immer näher
den Berg herauf kam. Die Frau meinte zu ihrem
Mann: „Hast du das gehört?" – „Freilich", sagte
dieser – und im selben Moment ergriff ihn eine
eiskalte Hand, sodass er laut aufschrie. Dann ent-
fernte sich das seltsame Fuhrwerk wieder.

Am nächsten Vormittag kam ein Bote aus Traun-
stein und berichtete ihm, dass am Vorabend um
23 Uhr sein Freund Toni verstorben sei. Da er-
innerte sich mein Großvater an die Abmachung,
die sein Freund Toni und er in jungen Jahren be-
schlossen hatten: „Wer von uns beiden zuerst
stirbt, der meldet sich beim anderen an."

Wenn ich das gewusst hätte

Eine Ordensfrau kümmerte sich jahrelang um eine ältere Mitschwester, welcher man aufgrund ihrer Zuckerkrankheit beide Füße abnehmen musste. In ihren Schmerzen jammerte sie des Öfteren, ob sie der liebe Gott vergessen hätte.

Eines Abends brachte die Ordensfrau ihre kranke Mitschwester in ihre Zelle und wünschte ihr eine gute Nacht. Wie jeden Tag ging sie auch am nächsten Morgen um 4 Uhr in die Kapelle, um dort allein zu beten. Als sie eintrat, war die Kirche hell erleuchtet – die Schwester, die sie am Abend noch zu Bett gebracht hatte, trat ihr leuchtend entgegen und sagte zu ihr: „Wenn ich gewusst hätte, was mich in der Ewigkeit erwartet, hätte ich nicht gejammert und mein Leiden mehr ertragen."

Die Nonne ging zur Äbtissin und berichtete von ihrem Erlebnis. Daraufhin betraten sie die Klosterzelle. Die kranke Nonne war friedlich eingeschlafen und wohl etwa um 4 Uhr verstorben.

Bruder, bist du auch da?

Eine Ordensfrau in Baden-Württemberg hatte immer Kontakt zu den armen Seelen. Sie selbst stammte aus einer Familie mit 15 Geschwistern im oberbayerischen Rupertiwinkel. Schon in jungen Jahren sah sie Dinge, die andere nicht sahen.

Als ihre Geschwister nach und nach starben, brauchte man sie nicht anzurufen, denn ihr erschienen alle Geschwister gleich nach deren Tod. Sie betete auch sehr viel für die Verstorbenen.

Der Blitz im Winter

Mein Vater saß gerne lange vor dem Fernseher. An einem 27. Jänner sah er plötzlich einen Blitz – der Fernseher und die Lichter gingen aus. Er schaute bei den Sicherungen nach, alle waren drin, so dachte er an einen größeren Stromausfall. Seinem Sohn, der gerade vom Gasthaus heimkehrte, erzählte er das Geschehene und ermahnte ihn, früher aufzustehen, weil er wohl mit der Hand melken müsse.

Dieser stand in der Früh auf, merkte aber, dass der Strom wieder da war. Beim Milchfahren ging der Vater zum E-Werk und fragte, was denn die Ursache für den nächtlichen Stromausfall gewesen sei. Niemand wusste jedoch etwas davon.

Zuhause klingelte inzwischen das Telefon, es wurde die Nachricht übermittelt, dass genau zur Minute des Blitzes die Schwester seiner Gattin gestorben war. Übrigens, mit dieser Schwägerin hatte er es nicht so, was die Sache noch interessanter machte.

Gläser klirren

Bei meiner Mutter war es immer dasselbe: Wenn ein naher Verwandter starb, dann klirrten im Küchenkasten die Gläser wie bei einem Erdbeben. Sie wusste dann, eincs ihrer Geschwister hatte das Zeitliche gesegnet.

Für sie war das sehr belastend, weil sie schon vorher vom Toten die Nachricht bekam, dass er ihr bereits ins Jenseits vorausgegangen war. Aber erst später erfuhr sie, welches ihrer Geschwister aus dem Leben geschieden war.

In der Nacht gestorben

In einem oberbayerischen Dorf arbeitete einst ein fleißiger Bäckergeselle.

Punkt 4 Uhr früh erschien er täglich an der Arbeitsstelle, die sich in der Nähe der Pfarrkirche befand. Manchmal kam der Geselle in die Backstube und sagte: „Heute in der Nacht ist jemand gestorben." Wenn man ihn fragte, wie er das wüsste, erklärte er, dass er plötzlich ohne Grund aufwache, ein ganz komisches Gefühl habe und nicht mehr einschlafen könne. Und tatsächlich läutete an diesen Tagen nach der Frühmesse die Sterbeglocke.

Der Geselle kam später an einen anderen Ort, um dort zu arbeiten. Von dieser Zeit an weckte ihn kein Verstorbener mehr in der Nacht.

Die Uhren

Am frühen Morgen wachte ein Hausbesitzer auf und wollte aufstehen. Als er auf die Uhr sah, war es erst 3.30 Uhr. Er dachte sich, „da kann ich ja noch liegen bleiben", und er schlief wieder ein. Als er erneut aufwachte, blickte er abermals auf die Uhr, die immer noch die gleiche Zeit anzeigte. Er ging in die Küche, auch hier war die gleiche Zeit zu sehen. Beunruhigt lief er noch in das Wohnzimmer, wo die Uhr ebenfalls die gleiche Zeit anzeigte.

Schnell weckte er seine Gattin und wollte dann zur Arbeit, als das Telefon klingelte. Er wurde verständigt, dass um 3.30 Uhr seine Tante gestorben war.

Patschen aufstellen

In Tirol nennt man Hauspantoffel Patschen.

So war ein älterer Priester schon länger krank und sah sein baldiges Ende nahen. Er schickte seine Haushälterin, um für ihn Patschen zu kaufen.

Die gute Frau, die um den nahen Tod des Pfarrers wusste, meinte, wofür er denn noch neue Patschen brauche. Der Pfarrer darauf resolut: „Wenn ich sage, ich brauche Patschen, dann besorgst du mir diese, damit ich sie morgen aufstellen kann!" Die Haushälterin folgte dem Auftrag.

Am nächsten Tag zog der Pfarrer die Hausschuhe an und starb. Denn ein alter Spruch in Tirol lautet „Patschen aufstellen" – damit ist das Sterben gemeint. Als der Pfarrer verstorben war, wusste die Pfarrersköchin, was ihr Herr gemeint hatte.

Im Landeanflug

Der Innsbrucker Bischof Dr. Reinhold Stecher, der mit seinen vielen Bergbüchern die Menschen erfreute, war in seinem Leben immer Realist geblieben.

Zu seinem 91. Geburtstag im Dezember 2012 kamen viele Besucher. Er meinte ganz bescheiden: „Das wird wohl mein letzter Geburtstag sein, denn ihr müsst schon begreifen, dass ich bereits im Landeanflug zum ewigen Leben bin."

Im Jänner 2013 hauchte er sein Leben aus.

Der narrische Hund

Am Geiselstein im Ammergebirge ereignete sich in den 1960er Jahren ein Bergdrama, bei dem ein 17-jähriger Bursche in den Tod stürzte.

In seiner Heimatgemeinde saßen zu der Zeit am Sonntagnachmittag seine Eltern gerade beim Kaffee, als plötzlich der Hund unruhig wurde und mit einem riesigen Satz zum Fenster hinaussprang. Die Leute wunderten sich über den Hund, der sonst ein sehr ruhiges Haustier war. Dieser tollte wie rasend im Hof hin und her, ohne dass man die Ursache für die Unruhe des Hundes erkennen konnte. Erst eine Stunde später löste sich das Rätsel: Genau zur selben Minute, als das Haustier zum Fenster hinaussprang, stürzte der Sohn des Ehepaares am Geiselstein ab.

Übrigens, der Hund Arco lieferte 14 Tage zuvor ein filmreifes Schauspiel: Er schlich sich am Sonntagvormittag in die offen stehende Speisekammer des Pfarrhofes, stahl dort den guten Schweinebraten des Pfarrers und lief davon. Über mehrere Straßen verfolgte die Pfarrerköchin Maria den diebischen Hund, aber vergebens. Arco versteckte sich und genoss seinen Sonntagsbraten genüsslich, der Pfarrer aber speiste im Wirtshaus.

Am Ende waren alle zufrieden: der Hund, der Pfarrer und natürlich der Wirt!

Es geht ans Sterben

Der stirbt heute sicher noch

Beim Sonntagsgottesdienst einer größeren Gemeinde verkündete der Pfarrer: „Heute ist der
Herr Konditormeister H. gestorben. Begräbnis
am Mittwoch um 9 Uhr, Rosenkränze werden am
Montag und Dienstag um 19 Uhr für den Verstorbenen gebetet."

Nach dem Pfarrgottesdienst, bei dem auch der
Enkel des Verstorbenen ministriert hatte, meinte dieser zum Pfarrer: „Wie ich daheim weg bin,
hat mein Opa aber noch gelebt." Der Pfarrer darauf: „Ja mei, gibt's des? Aber Bua, wirst schon
seh'n, der stirbt heut schon noch."

Dem war auch so, sodass die Termine der Totenliturgie eingehalten werden konnten und die
Pfarrgemeinde von der höchst peinlichen Sache
nichts merkte.

Besser keine Sterbeglocke

Beim Pfarrer läutete in der Früh um 6.30 Uhr das Telefon. Josef rief schluchzend an, dass seine Mutter gestorben sei. Der Seelsorger war gleich darauf auf dem Weg zur Frühmesse.

Der Anruf kam ihm etwas seltsam vor, so beschloss er, den Todesfall noch nicht zu vermelden und auf das Sterbegebet zu verzichten, ebenso auf die Sterbeglocken. Nach dem Gottesdienst eilte der Priester pflichtbewusst schnell zum Haus der Verstorbenen. Die Tochter der Verstorbenen kam sofort vor das Haus heraus. Der Seelsorger drückte ihr sogleich das Beileid aus und meinte, ihr Bruder habe in der Früh angerufen und den Tod der Mutter gemeldet. Da lachte die Tochter und sagte: „Der Depp, der hat die Mutter ja gar nicht gescheit angeschaut!" Diese lebte noch! (Und noch einige weitere Jahre!)

Das komische Gefühl des Pfarrers hatte sich als richtig erwiesen. Was wäre gewesen, wenn er den Tod verkündet und dazu noch die Sterbeglocke geläutet hätte!

Die frische Luft

Eine Frau schien dem Lebensende nahe zu sein.

Die Angehörigen holten dreimal den Pfarrer mitten in der Nacht. Die Sterbende lag im Wohnzimmer auf einem Sofa. Der Ofen glühte vor Hitze.

Beim dritten Besuch meinte der Pfarrer, es wäre wohl besser, man würde die Fenster aufmachen und lüften, dann bräuchte die gute Frau nicht immer um Luft zu ringen, und der Pfarrer hätte seine Ruhe. Nun, die Leute folgten dem Rat des Pfarrers, was zur Folge hatte, dass die Frau noch mehrere Jahre lebte.

Wer ist wichtiger,
Arzt oder Pfarrer?

An einem Samstag im Sommer wurde der Kaplan in ein Haus gerufen, weil die alte Bäuerin am Sterben war. Der Doktor war auch zugegen.

Da meinte der Doktor zur Bäuerin gewandt, sie müsse sich schon entscheiden, wie sie es haben möchte, denn er sei jetzt dann zwei Wochen im Urlaub. Darauf meinte der Kaplan: „Bei mir brauchen Sie nicht so lange zu warten. Ich fahre mit den Ministranten zum Bergsteigen, aber am Freitagabend bin ich wieder da.“

Nun, die gute Frau hatte sich entschieden: Am Freitag holte man den Kaplan, der ihr die Sakramente spendete – und noch in derselben Nacht verstarb sie.

Das verschobene Sterben

Der Ortspfarrer bekam in der Früh einen Anruf, dass die Mutter im Sterben liege, ob er nicht heute noch kommen könne, um die Kranken-salbung zu spenden. Der Seelsorger fragte, ob es reiche, erst am Abend zu kommen, da er den ganzen Tag bei einer Konferenz sei. So verein-barten sie einen Termin für den Abend um 20 Uhr.

Etwa um 18 Uhr rief die Tochter nochmals an, ob der Pfarrer nicht doch erst am nächsten Tag kommen könne. Da fragte der Priester, ob es der Mutter wieder besser gehe. Die Frau am ande-ren Ende der Leitung drückte mit einer Antwort herum und sagte: „Besser geht es der Mutter absolut nicht, aber sie will heute Abend noch so gerne den Musikantenstadl mit Karl Moik im Fernsehen anschauen."

Der Pfarrer kam dann einen Tag später, und am folgenden Morgen hauchte die Frau ihr Leben aus. Gott sei Dank hat sie noch den Karl Moik gesehen!

Was man herrichten muss

In der fünften Klasse nahm der Pfarrer im Religionsunterricht die Feier der Krankensakramente durch. Geduldig erklärte er, was vorzubereiten sei, wenn der Pfarrer zu einem Sterbenden komme, um die Sakramente zu feiern: Weihwasser, Kreuz und Kerzen, vielleicht eine Zitrone zum Reinigen der Hände. Einige Male fragte er durch, bis er annahm, jetzt wüssten es alle. So ging er beruhigt in die nächste Schulklasse.

Zwei Tage darauf kam er wieder in die fünfte Klasse, um mit seinem Thema fortzufahren. Er fragte nun: „Wer weiß, was man vorbereiten muss, wenn der Pfarrer kommt?" Markus meldete sich eifrig und meinte voller Überzeugung: „Wenn der Pfarrer zu einem Sterbenden kommt, muss man einen Sarg vorbereiten!"

Was soll da der Pfarrer noch sagen bei solch praktischen Anwandlungen eines 10-Jährigen?

Dem Vater geht es gar nicht gut

Am Nachmittag um 16 Uhr bekam der Pfarrer einen Anruf von einer Frau. Sie bat, ob er nicht kommen könne, um dem Vater die Sakramente zu spenden, denn diesem gehe es gar nicht gut.

Nun, der Pfarrer eilte dorthin, ebenso der Arzt. Beide gingen in die Stube, wo sich die Angehörigen versammelt hatten. Der Vater lehnte mit geschlossenen Augen am Kachelofen. Der Arzt untersuchte ihn und stellte mit Schmunzeln fest, dass der Tod bereits mittags eingetreten sei: „Ihm geht es also nicht nur nicht gut, er hat sein Leben bereits hinter sich."

Ah so – der Mann

Eine Frau machte in der Landeshauptstadt Exerzitien. Außer dem Pfarrer und dessen Haushälterin hatte niemand eine Ahnung, wo sich diese aufhielt.

Wie es geschehen musste, starb der Ehegatte genau zur Zeit ihrer Abwesenheit. Nun kamen die Söhne zum Pfarrer, um den Tod zu melden, und sie klagten, dass sie ihre Mutter nicht finden können. Der Seelsorger konnte sie beruhigen und verriet den Angehörigen den Aufenthaltsort, suchte selbst die Telefonnummer heraus und rief sie an. Er sagte ihr, dass er schlechte Nachrichten habe, ihr Mann sei im Krankenhaus gestorben. Eine Zeit lang war es still im Hörer, dann sagte die Frau: „Ah so – der Mann. Und ich bin schon so erschrocken!" Der Pfarrer staunte über die kühle Antwort und legte auf.

Ja, wo ist sie denn?

Im Allgäu meinte eine ältere Dame, sie müsse
jetzt sterben. Deshalb bestellte sie die ganze Verwandtschaft zu sich.

Die Frau lag auf dem Kanapee im Wohnzimmer,
die Leute warteten in der Küche auf den Pfarrer,
um dann bei der Spende der Krankensakramente
dabei zu sein.

Der „Sterbenden" dauerte das Warten zu lange,
sie schlich sich aus dem Wohnzimmer hinaus
und ging in das Dorf, um einige Besorgungen zu
machen. Nachdem der Pfarrer gekommen war,
schritten die Angehörigen mit dem Priester in
würdiger Stille zum Wohnzimmer, um die Sakramente zu feiern. Doch das Kanapee war leer, und
die Sterbende im ganzen Haus nicht zu finden!
So löste sich die Versammlung kopfschüttelnd
auf.

Die alte Frau kehrte Stunden später nach Hause
zurück und starb schließlich ein Jahr danach.

Beerdigt am Jahrtag

Es gibt Dinge im Leben der Seelsorgepraxis, die sind unglaublich.

Ein ehemaliger Feuerwehrkommandant ging mit zwei Freunden auf das Matterhorn. Beim Abstieg rutschte er aus und stürzte vor den Augen seiner Kameraden mehrere Hundert Meter in die Tiefe. Die sofort ausgerückte Bergrettung konnte ihn nicht finden.

Im Heimatort wurde die Nachricht vom Unglück mit Schrecken aufgenommen. Nach einer Woche kam man überein, ein Requiem für ihn zu feiern. Da die Kirche wegen Renovierungsarbeiten gesperrt war, feierte man den Gottesdienst am Abend im Feuerwehrhaus. Die Musikkapelle spielte ein feierliches Requiem, dann marschierte man in einem schönen Trauerzug zum Kriegerdenkmal und betete dort das Libera.

Die Trauer legte sich im Laufe der Zeit. So rückte der Tag näher, an dem der Jahrtag gefeiert werden sollte. Genau 14 Tage davor wurde der Leichnam am Fuße des Matterhorns gefunden und dann in die Heimat überführt. Und nochmals rückten die gesamte Feuerwehr und die Musikkapelle aus, um einen würdigen Gottesdienst, dieses Mal in der schön renovierten Kirche, und ein feierliches Begräbnis zu feiern. Das hat wohl noch kein Mensch fertiggebracht, gleich zweimal so großartig verabschiedet zu werden!

Im Rauchsalon

Es war an einem Ostermontag. Der Kaplan war weggefahren, um sich etwas zu erholen. Kaum war er am Urlaubsziel angelangt, kam der Anruf, er solle zurückkehren, eine Frau liege im Sterben, und der Ortspfarrer hüte wegen einer schweren Krankheit das Bett.

Der Kaplan kehrte zurück und ging in das Haus der Sterbenden, welcher der Arzt nur noch drei Stunden in dieser Welt prophezeit hatte. In der Küche waren drei Personen versammelt, im dichten Rauch ihrer Zigaretten kaum sichtbar. Nachdem sich der junge Priester erkundigt hatte, wo die Kranke liege, ging er dorthin, stellte aber schnell fest, dass hier vom Sterben keine Rede sein könne, dennoch spendete er der Kranken die Sakramente.

Diese Frau lebte noch viele Jahre, im Gegensatz zu den Angehörigen in der verrauchten Küche, denn von ihnen starben zwei Personen vor ihr an Lungenkrebs.

Warten, bis der Pfarrer kommt

Es gibt ja Menschen, die immer wieder sterben, weil sie der fixen Idee unterliegen, jetzt habe ihr letztes Stündlein geschlagen. Zu so einem Zeitgenossen wurde der neue Pfarrer gerufen, um ihm in seiner letzten Stunde beizustehen.

Die Haushälterin des Pfarrers, die jenen Mann gut kannte, meinte: „Das pressiert nicht so, der ist schon tausendmal gestorben."

Der Pfarrer jedoch holte schnell die Krankenöle und die heilige Kommunion aus der Kirche. Leider kam er wegen des dichten Urlauberverkehrs mit dem Auto nicht über die Straße, sodass er zu Fuß gehen musste. Erst eine halbe Stunde später traf er beim Kranken ein. Nachdem er die Sakramente gespendet hatte, gab er ihm noch den Segen. Der Mann legte nach dem Segen den Kopf zur Seite und verstarb.

Dieses Mal hatte er Ernst gemacht mit dem Sterben.

Na, dann Prost!

Was eine gesunde Einstellung zum Sterben bezeugt, ist in folgender Geschichte zu erfahren.

Der Pfarrer wurde zu einer Familie geholt, in der die Mutter nach langem Leiden und aufopfernder Sorge der Schwiegertochter gestorben war. Nachdem die Angehörigen mit dem Priester die Sterbegebete verrichtet hatten, bat der Sohn den Pfarrer noch in die gute Stube, um die Trauerfeierlichkeiten zu besprechen. Ganz schüchtern fragte er, ob es nicht sinnvoll wäre, eine gute Flasche Wein zu öffnen, denn die Verstorbene habe alles überstanden, und sie selber ja auch – nach jahrelanger Pflege zu Hause.

Der Pfarrer war zwar überrascht, aber nach einigen Flaschen von diesem guten Südtiroler Tropfen fand er es im Nachhinein doch sehr gut, konnte doch manches aus dem Leben nochmals zur Sprache gebracht werden. Wein löst nicht nur die Zunge, er ist zudem eine vorzügliche Trauerhilfe.

Totengräber

Guten Appetit!

In einem alten Kirchenfriedhof mussten viele
Gräber geöffnet werden, weil Abwasserrohre
gelegt wurden. Ein paar Särge wurden bereitge-
stellt, um die Toten wieder würdig zu bestatten.

Mehrere Bauarbeiter waren damit beschäftigt
Rohre in den Friedhof zu bringen. Punkt 9 Uhr
kam der Lehrling mit den warmen Leberkässem-
meln. Auch der Totengräber unterbrach seine
eher unappetitliche Arbeit, griff – ohne sich die
Hände zu waschen – nach der Leberkässemmel
und verspeiste diese.

Ein Maurer, der dabei zusah, wurde daraufhin
kreidebleich und übergab sich. Der Totengräber
schüttelte erstaunt sein Haupt; er konnte einfach nicht verstehen, welches Weichei da als
Maurer neben ihm arbeitete.

Halbnackt am offenen Grab

Im westlichen Oberbayern ereignete sich bei einem größeren Begräbnis Folgendes.

Der Trauerzug bewegte sich zum Friedhof und schließlich zum offenen Grab. Viele Trauergäste waren anwesend. Der Pfarrer begann nun die Totenliturgie. Als nun die Textstelle kam „Wir übergeben den Leib der Erde", hoben die vier Sargträger den Sarg. In diesem Moment riss bei einem der vier Träger der Gürtel, seine schöne Hose fiel hinunter!

Der Blamage nicht genug, der arme Sargträger stand nun nicht in Unterhosen da, nein, er hatte nämlich gar keine an, sodass er halbnackt am Grabe stand.

Die Trauer der Trauergemeinde wich nun allgemeinem Gelächter, die weiteren Zeremonien des Pfarrers in würdigem Ernst waren fast nicht mehr möglich. Gott sei Dank konnte der purpurrot angelaufene Träger schnell seine Hose wieder an den vorgesehenen Ort hochziehen.

Der Sarg am falschen Ort

In einer Gemeinde fungierte ein etwas „nasser" Bruder als Totengräber. Bei einem Begräbnis machte er die Grube nicht dort auf, wo es vorgesehen war, sondern daneben.

Nachdem er das Grab zu kurz ausgehoben hatte, ließ er den Sarg mit dem Toten kopfüber in die Grube, schaufelte alles zu, und schon war das Malheur zugedeckt. Einige Jahre später starb nun die Gattin des Verblichenen.

Inzwischen hatte ein jüngerer Totengräber das Amt übernommen. Als nun das Begräbnis der Frau anstand, schaufelte er das Grab und stieß zu seinem Erstaunen schon nach einem halben Meter auf Holz. Er grub weiter und sah, dass der Sarg auf der falschen Seite und mit dem Kopf nach unten im Grab war. Er war neugierig, wie Tote nach fünf Jahren aussehen, hackte kurzerhand den Sarg auf und leuchtete mit der Taschenlampe hinein.

Am Stammtisch schilderte er dann ausführlich den Zustand eines Toten nach fünf Jahren, was ihm aber dort nicht bei allen Beifall einbrachte.

Die Verwandtschaft

In einem oberbayerischen Dorf starb einst die Gattin des Totengräbers. In dieser Gemeinde ist es bis heute üblich, dass zuerst das Begräbnis stattfindet, dann das Requiem. Währenddessen schaufelt der Totengräber das Grab zu.

So war es auch bei dieser Beerdigung. Der Totengräber schaufelte das Grab seiner Gattin während des Sterbegottesdienstes zu. Später stellte der Pfarrer den Totengräber zur Rede, wie er dazu komme, bei seiner engsten Verwandten nicht in das Requiem zu gehen. Darauf der zur Rede Gestellte: „Ich bin mit meiner Frau nicht verwandt. Wenn ich verwandt wäre, dann hätte ich sie ja nicht heiraten können."

Der Pfarrer verließ sprachlos den Totengräber.

Begräbnis ohne Sarg

Ein Feuerwehrkamerad wurde zu Grabe getragen. Damals war es in der Gemeinde Mode, den Sarg erst nach dem „Begräbnis" in das Grab zu senken.

Nun, nachdem die Zeremonien vorbei waren, die Reden gehalten waren und die Musikkapelle ihren Teil beigetragen hatte, verließ die Trauergemeinde den Friedhof, um sich beim Leichenschmaus anderen Freuden zu widmen.

Nur noch der Totengräber und die Sargträger befanden sich am Ort der Trauer. Die Bretter über dem Grab wurden entfernt und der Totengräber schaufelte das Grab zu. Ihn wunderte, dass der ganze Dreck im Grab Platz hatte. Erst dann schaute er um und sah den Sarg noch dastehen! Vor lauter Gelächter und in der Unterhaltung hatten sie vergessen, zuerst den Sarg in das Grab zu senken.

So begann der Totengräber erneut das Grab auszuheben, um den Sarg nun wirklich hinabzulassen.

Platzmangel

In einer Kurstadt in Bayern geschah Folgendes: Nach dem Requiem in der Pfarrkirche zog die Trauergemeinde in den etwas entfernteren Friedhof hinaus. Der Seelsorger traf frühzeitig mit dem Auto dort ein. Bevor er sich zur Begräbnisliturgie umzog, ging er noch in den anderen Raum zu den Sargträgern. Diese standen nicht, nein, sie saßen – jedoch auf Urnen, die auf ihre Bestattung warteten.

Der Pfarrer sprach diese Pietätlosigkeit an. Die Sargträger meinten achselzuckend: „Wenn die Stadt zu arm ist, um Stühle anzuschaffen, muss man eben erfinderisch sein."

Er folgt den Seinen nach

In einem Obdachlosenheim verstarb ein Bewohner. Der neue Kaplan bekam vom Pfarrer den Auftrag, die Begräbniszeremonien zu feiern.

Auf dem Weg zum Friedhof fragte der Kaplan, wo denn der vierte Sargträger sei, worauf ihm beschieden wurde, dass dieser wegen eines Rausches nicht einsatzfähig sei (auch die restlichen drei machten einen nicht gerade nüchternen Eindruck!), und sie das auch zu dritt gut hinbringen könnten. Als nun der Sarg bei den Worten des Priesters „Wir übergeben den Leib der Erde ..." in die Grube sank, sah der Kaplan auf und traute seinen Augen nicht – am offenen Grab standen nur noch zwei Träger!

Der dritte lag auf seinem verstorbenen Kameraden, nämlich auf dem Sarg in der Grube, und rappelte sich langsam in die Höhe. Gott sei Dank hat dieser Sargträger keinen körperlichen Schaden davongetragen.

Der Metzgerlehrling

Auf einem Bauernhof starb die alte Bäuerin. Nach dem Einsargen kam der mit Pferden bespannte Leichenwagen, um die Verstorbene abzuholen. Dem Kutscher pressierte es, er musste nämlich heim in den Stall.

Da die jungen Bauersleute zum Vieheintreiben unterwegs waren und somit niemand zum Sargtragen im Haus war, ging der Fuhrmann in die benachbarte Metzgerei und holte den 14-jährigen Lehrling zum Helfen. Vom 1. Stock mussten sie den Sarg hinuntertragen. Als sie mitten auf der Stiege waren, kam dem Lehrling der Sarg aus, sodass dieser abwärts polterte und an der Wand aufschlug. Der Deckel sprang herunter, die alte Bäuerin stand (durch die Leichenstarre bedingt) an der Wand – der Bub sprang vor Entsetzen davon! So musste der Kutscher doch noch warten, bis die Bauersleute heimkamen und ihm schließlich halfen.

Einfach makaber

Totentanz

In einer Gemeinde im Allgäu ereignete sich folgende Geschichte in der Zeit nach dem Krieg.

Eines Tages starb der Wirt eines sehr urigen Holzerlokals. Wie es sich gehörte, versammelten sich Freunde, Bekannte und Verwandte in der Gaststube, in welcher der Tote aufgebahrt wurde, zum sogenannten „Wachen", also zum Gebet für den Verstorbenen. Anstatt zu beten, sprachen die Anwesenden immer mehr dem Alkohol zu.

Spät am Abend holte einer eine Ziehharmonika und spielte zum Tanz auf. Aber nicht genug des makabren Vergnügens! Sie holten nun den Toten von der Bahre, um auch mit ihm zu tanzen.

Weit nach Mitternacht wurde der Wirtin der Lärm zu viel. Sie kam in das Lokal, um die illustre Gesellschaft an die frische Luft zu befördern. Den toten Wirt legten sie wieder auf die Bahre, die Gäste aber verschwanden stillschweigend nacheinander.

Späte Rasur

In einem Fremdenverkehrsort im Allgäu geschah Folgendes Ende der 50er Jahre des vorigen Jahrhunderts.

Es starb der Gastwirt eines größeren Lokals. Die Hinterbliebenen baten die Stammgäste, am Abend zum Wachen zu kommen. Es sollte bis Mitternacht für den Verstorbenen gebetet werden.

Ein junger Maurer aus der Nachbargemeinde folgte auch der Aufforderung zum Wachen. Als es bereits 11 Uhr in der Nacht war, fragte der junge Bursch ganz nervös, wann denn endlich das Gebet beginne. Darauf erwiderten die anderen Gäste, er solle sich doch bis Mitternacht gedulden. Das fröhliche Besäufnis für den Toten wurde fortgesetzt. Pünktlich zu Mitternacht kam ein Gast mit einer Rasiercreme, rieb damit das Gesicht des toten Wirtes ein, ein anderer Gast rasierte nun den toten Wirt. Nach dieser Zeremonie betete die illustre Trauergesellschaft noch ein „Vaterunser" und „Gegrüßet seist du, Maria" und verließ unter großem Gelächter die Gaststube und torkelte nach Hause.

In der Ewigkeit braucht's keine Ohrringe

Im Allgäu lebte eine ältere Dame, welche sehr viel Wert auf schöne Ohrringe legte. Auch für sie kam die Stunde des Todes. Nach ihrem Hinscheiden brachte man sie ins Leichenhaus.

Nun war es in dieser Gemeinde Brauch, dass nach den Sonntagsgottesdiensten die Türen des Leichenhauses offen blieben. Eine Stunde nach dem Amt ging der Pfarrer nochmals zur Kirche und wunderte sich, dass die Türe zu war. Er ging hin und blieb erschrocken stehen, denn aus dem Leichenhaus hörte er Stimmen. Er schob die Türe etwas auf, und was er sah, brachte den Pfarrer zum Staunen: Der Sarg war auf dem Boden, die Tochter der Verstorben beugte sich über die Tote und schimpfte: „Gehst du Glump nicht raus!", und zog dabei an den Ohrringen. Der Ehegatte der Verblichenen stand schweigend daneben und hielt eine Zange in der Hand. Der Pfarrer verließ kopfschüttelnd die Szene und kehrte in den Pfarrhof zurück.

Schließlich gilt vor dem Herrgott nicht die äußere Schönheit, sondern die Schönheit der Seele.

Besuch im Café

Im Allgäu arbeitete ein Maurer, der in der Nähe von Udine beheimatet war. Den Winter verbrachte er in seiner Heimat. Er erzählte Folgendes von seinem engsten Freund.

Als dieser alt wurde, versicherte er den Stammgästen des Cafés, welches am Berghang unterhalb der Kirche lag, dass er, wenn er einmal verstorben sei, das Lokal als Toter noch einmal besuchen werde.

Schließlich kam der Tag seines Todes und dann auch seines Begräbnisses. Nun war die Begebenheit so: Die Kirche war auf dem Berg, der Friedhof unten. Als die Träger nach dem Requiem den Sargwagen im Trauerzug zum Friedhof fuhren, kam ihnen kurz vor dem Café der Wagen aus, dieser verselbständigte sich und schoss direkt in den Eingang des Gasthauses, das an der Kurve stand. Dort kam das Gefährt vor der Bar zu stehen, an der der Verstorbene zu Lebzeiten viele Stunden verbracht hatte.

So erfüllte sich die Prophezeiung des Verstorbenen, nochmals sein Café zu besuchen.

Die Wette

In der Gruft einer Kirche waren Ausgrabungs-
arbeiten zugange. Nun wurden aus diesem Grab
die Gebeine von drei Priestern entfernt. Es war
Winter, und die Gebeine wurden in eine große
Schachtel gegeben, um im Frühjahr im aufgelassenen Kirchenfriedhof in den Priestergräbern
bestattet zu werden. Außer dem Pfarrer und
einigen Archäologen wusste niemand davon.

Im Februar saßen einmal mehrere Leute im Gasthaus, darunter auch der Bürgermeister und der
Pfarrer. Irgendein Gast meinte im Gespräch, es
wäre doch schön, wenn man im alten Kirchenfriedhof wieder Leute bestatten würde. Der Bürgermeister sagte – ganz bestimmt mit etwas Är-
ger im Unterton: „Solange ich Bürgermeister bin,
kommt dort keine Leiche mehr hinein!" Worauf
der Pfarrer ganz gelassen meinte: „Wetten wir,
dass bereits heuer im Frühjahr die Ersten dort
wieder bestattet werden?" Der Bürgermeister
ließ sich das nicht zweimal sagen und wettete mit
dem Pfarrer um 100 Liter Bier. Der Pfarrer bot
200 Liter, der Bürgermeister gab noch 50 drauf.
Daraufhin lüftete der Pfarrer das Geheimnis von
den drei Priestern aus dem 17. Jahrhundert, die
in einer Schachtel auf ihre endgültige Bestattung
warteten. Der Bürgermeister gab sich geschlagen
und bezahlte 250 Liter Bier fürs nächste Pfarrfest.
Die drei Priester werden sich auch nicht gedacht
haben, dass sie 300 Jahre später zu Spendern von
süffigem, bayerischem Bier werden!

Alle in einer Kiste

In einem aufgelassenen Kirchenfriedhof musste die Kirchenmauer freigelegt werden. Aber an dieser besagten Mauer waren die Gräber von mehreren Gemeindepricstern, welche schon vor dem Krieg verstorben waren.

Wie ältere Gemeindebürger erzählten, waren diese Priester nicht immer sehr freundlich zueinander gewesen. Nun aber mussten diese umgebettet werden. Daher bestellte der Ortspfarrer beim örtlichen Zimmerer eine größere Kiste, um die Verstorbenen hineinzulegen. Zum Schrecken aller glich diese Kiste eher einer Transportkiste für Ferkel als einem Sarg! Um aber die Toten wieder sofort zu bestatten, bettete man die Gebeine aller Priester in diese Kiste und begrub sie im Friedhof. Ein älterer Gemeindebürger, der dabeistand, meinte trocken: „Jetzt werden's schon miteinander auskommen – dieses verstorbene Domkapitel!"

Das war mein lieber Mann

Einst starb ein eher jüngerer Ehemann im Ausland. So blieb der trauernden Witwe nichts anderes übrig, als mit den Trauerfeierlichkeiten zu warten, bis die Urne mit der Asche des Verstorbenen eintraf.

Als es nun so weit war, ging der Pfarrer zu ihr, um die Begräbnisfeierlichkeiten zu besprechen. Als der Pfarrer sich schon verabschieden wollte, sagte die Witwe, sie habe ihm noch etwas zu zeigen. Sie verschwand und kam dann mit der Urne aus dem Schlafzimmer. Vor den Augen des Priesters öffnete sie die Urne, griff mit der Hand hinein, holte etwas Asche heraus und meinte freudestrahlend: „Das war einmal mein lieber Mann!"

Etwas irritiert verließ daraufhin der Pfarrer kopfschüttelnd die Witwe.

Die durstige Überführung

Diese Geschichte erzählte mir mein Großvater. In den 1930ern hatte er die Aufgabe, mit dem Leichenwagen zu fahren, vor allem dann, wenn es um weitere Strecken ging. Der Leichenwagen selbst war sehr imposant in seiner Ausstattung: zwei Laternen, ein gepolsterter Kutschbock und hinten ein schwarzer, verschlossener Aufbau.

So hatte er einmal von Peiting nach Trauchgau zu fahren, um dort einen tödlich verunglückten Waldarbeiter abzuholen. Nun war der Totengräber, der ihn nach Trauchgau begleitete, eine sehr durstige Seele. So musste mein Großvater zuerst in Steingaden beim „Graf" haltmachen, der Totengräber trank dort zwei Maß Bier, dann ging es weiter zum Gasthof „Sera", wo das Gleiche geschah, schließlich kehrte man noch in der „Post" in Trauchgau ein.

Bis nun der Tote verladen war, konnte der Totengräber kaum noch stehen, sodass er sich hinten zur Leiche hineinlegte. In der „Sera" musste mein Großvater wieder anhalten, ebenso in Steingaden, dann legte sich der Totengräber bis Peiting wieder zum Toten hinein. Am Peitinger Friedhof hatte man die größte Not, den stark alkoholisierten Totengräber zu wecken.

Das Kartenspiel

Eines Nachts wurde der Pfarrer angerufen, ob er nicht gleich kommen könne – in der Nachbarschaft habe sich der alte Onkel erhängt.

Der Pfarrer ging zu dem besagten Haus und betrat das Wohnzimmer. Hier traf er vier Männer an, welche mit Kartenspielen beschäftigt waren. Kurz angebunden sagte einer: „Hinten im Tennen hängt er." Nun fühlte sich der Seelsorger auf den Arm genommen und sagte barsch: „Zur Gaudi braucht ihr mich nicht mitten in der Nacht herauszuholen." Daraufhin wurde der Neffe des Verstorbenen so zornig, dass er eine Axt holte und dem Pfarrer damit drohte. Dieser verließ eiligst das Haus und flüchtete in den Pfarrhof.

In der Früh kam nun ein anderer der Runde und entschuldigte sich für das rabiate Verhalten seines Bruders.

Geizkragen

Eine ganz unglaubliche Geschichte passierte kürzlich in einem oberbayerischen Marktflecken.

Ein Mann mit 70 Jahren verstarb und hinterließ ein beträchtliches Vermögen. Die Frau, mit der er verheiratet war, hatte ihm das Leben zur Hölle gemacht.

Der Verstorbene wurde in das Leichenhaus gebracht. Die Trauernden, die zum Leichenhaus kamen, trauten ihren Augen nicht: Der Verstorbene lag in einem weißen Leinensack auf der Totenbahre. Das Begräbnis fand dann nur im engsten Familienkreis statt. Wie dies vor sich ging, kann man sich denken, gesehen hat es niemand.

Die falsche Leich

In Tirol trug sich folgendes Ereignis zu.

Nach langem Leiden und einigen Operationen starb im Innsbrucker Krankenhaus ein älterer Herr. Zwei Tage vor dem Begräbnis wurden die sterblichen Überreste in seine Heimatgemeinde überführt.

Am Tag vor dem Begräbnis wollten die Angehörigen noch einen Blick in den Sarg werfen. Doch welches Entsetzen – im Sarg lag nicht der verstorbene Angehörige, sondern eine Ordensfrau!

Fast zeitgleich wollten die Ordensfrauen noch einmal von ihrer Mitschwester Abschied nehmen und öffneten den Sarg. Auch sie waren entsetzt.

Schnell wurde alles in die Wege geleitet. Am nächsten Tag konnten beide Verstorbenen dort, wo sie auch hingehörten, in aller Ordnung bestattet werden.

Leich einsagen

Zur besseren Erklärung dieser Geschichte: Früher hatte in einem Dorf eine Person die Aufgabe, einen Todesfall allen Leuten der Gemeinde zu verkünden. Man nannte dies: „Leich einsagen". Außerdem gab es jemanden, der „einzusagen" hatte, wenn ein Rind notgeschlachtet wurde. Dazu sagte man: „Fleisch aushauen".

Nun war in dem besagten Ort nur eine Frau für beides zuständig. So geschah Folgendes. Ein älterer Mann starb, was es dann zu verkünden galt. Zugleich verendete auch ein Rind, das notgeschlachtet werden musste.

Die gute Frau älteren Semesters ging nun zu den Leuten, um den Tod des Mannes zu verkünden, was aber in Anbetracht der zeitgleichen Ereignisse ihr geistiges Vermögen überschritt. So sagte sie: „Der Huberbauer ist gestorben, morgen um 3 Uhr wird er ausgehaut."

Am Grab

Der Wolkenbruch

In einer Gemeinde wurde ein neuer Friedhof an einem Berghang angelegt. Der Bürgermeister und der Gemeinderat waren stolz auf ihr Werk. Doch nicht alle Gemeindebürger waren derselben Meinung über die Zweckmäßigkeit dieses Standortes. Nicht lange nach der Einweihung geschah folgendes Ereignis.

Am Berghang war gerade ein Begräbnis im Gange, als sich ein starker Wolkenbruch über die Trauergemeinde ergoss. Man konnte gerade noch den Sarg in das Grab senken, dann suchten der liturgische Dienst und die Trauergäste im Leichenhaus Schutz vor dem Segen von oben.

Als das Gewitter vorbei war, begab sich die Trauergemeinde wieder zum Grab. Aber welch Schreck, der Sarg war weg, das Grab voll mit Wasser gefüllt! Schließlich entdeckte man den Sarg etwa 100 Meter weiter unten am Bahngleis einer Werkszufahrt. Die Leichenträger schoben nun den Sarg wieder hinauf zum Grab, er wurde erneut in die Grube hinabgelassen, und die Zeremonie konnte fortgesetzt werden.

Das Gespött mancher Gemeindebürger war dem Bürgermeister sicher.

Trübe Wolken

Ein echter und überzeugter Vorstand des Veteranenvereins bereitete sich ausführlich auf die Rede beim Begräbnis eines verdienten Vereinsmitgliedes vor. Theatralisch übte er wie immer seine Rede in der Familie ein. Frau und Kinder waren zufrieden mit dem Nachruf, den er am nächsten Tag halten sollte.

Nach dem Gottesdienst ging der Veteranenverein unter Begleitung der Musikkapelle zum Friedhof. Dort angekommen, bemerkte der Vorstand, dass er die Rede zu Hause liegen gelassen hatte. Macht auch nichts, dachte er, das kann ich auch auswendig. Als er dran war zu reden, begann er theatralisch: „Trübe Wolken ... trübe Wolken ..." und nochmals „Trübe Wolken ...". Seine Rede war ihm gänzlich aus dem Sinn gekommen. Als er zum dritten Mal angefangen hatte, fügte er hinzu: „Ja sauber, Ferdl, ruhe in Frieden!"

Die falsche Uniform

In einer kleinen Gemeinde lebte einst ein biederer Bürger, der sich durch die Mitgliedschaft bei mehreren Vereinen auszeichnete. Eines war er sich ganz sicher: Er würde – bedingt durch seinen asketischen Lebensstil – sicher einmal 100 Jahre alt werden.

Nun geschah es eines Tages, dass ein größeres Begräbnis anstand. Unser biederer Bürger erschien in der schneidigen Schützentracht zum Requiem. Zu seinem Entsetzen musste er zur Kenntnis nehmen, dass der Schützenverein nicht ausrückte, sondern nur die Feuerwehr. Pflichtbewusst eilte er nochmals nach Hause, zog die Schützentracht aus, schlüpfte in die Feuerwehruniform und eilte schnellstens wieder zur Kirche. Gerade noch vor Beginn der Totenliturgie stürzte er zu seinen Feuerwehrkameraden in die Bank. Schweißgebadet kippte er um und starb an Ort und Stelle.

Leider wurde er aber nicht 100, sondern nur 68 Jahre alt.

Jessica

In einer größeren Tiroler Stadt stand ein Requiem an. Der neue Kaplan bereitete alles für die Liturgie gut vor. Da kam ein junger Mann in die Sakristei und fragte den Priester, ob er als Neffe des Verstorbenen die Lesung und die Fürbitten übernehmen könne. Der Kaplan fragte ihn, ob er das auch könne. „Ja", meinte der Angesprochene, er mache das in seiner Heimatpfarrei öfters. Der Kaplan bat ihn darauf, die Texte der Lesung aus dem Buch Jesaja noch vor der Messe durchzulesen.

Als nun beim Requiem der Neffe feierlich zur Lesung schritt, begann er mit den Worten: „Lesung aus dem Buch Jessica", was zu einem größeren Heiterkeitsausbruch unter den Trauergästen führte. Der Lektor aber konnte sich dieses Gelächter nicht erklären, bis ihn der Kaplan am Ende des Gottesdienstes darüber aufklärte.

Der Tod der Geschwister

Eine nicht alltägliche Geschichte geschah vor einigen Jahren in einer kleinen Gemeinde.

Im Alter von 83 Jahren starb ein Mann, der noch eine verwitwete Schwester hatte. Sie wohnten auch nebeneinander und waren gerne zusammen.

Als nun dieser Mann verstorben war, wurde das Begräbnis für Donnerstag am Nachmittag angesetzt. Gegen Mittag traf die Botschaft im Pfarramt ein, dass nun auch die Schwester überraschend gestorben sei. Ihr Begräbnis wurde auf den Samstag angesetzt. So war also am Donnerstag das Begräbnis ihres Bruders, nach der Beerdigung wurde das Grab nur mit Brettern abgedeckt, weil ja am Samstag das nächste Begräbnis folgte.

Wäre nur noch interessant, wie der Totengräber das Grabschaufeln verrechnet hat.

Dumme Angewohnheiten

Der Vorstand des Veteranenvereins war ein sehr geselliger Zeitgenosse, hatte aber in Gesprächen mit anderen Leuten die dumme Angewohnheit, nach jedem zweiten Satz zu sagen: „Hoscht gheart, verstehscht" (hast du gehört, verstehst du).

So hatte er einmal die traurige Aufgabe, bei einem verdienten Vereinsmitglied die Grabrede zu halten. Diese Rede war zwar nicht lange, endete schließlich, wie es kommen musste: „Lieber Jakob, ruhe in Frieden, hoscht gheart, verstehscht!"

Die Leute am Grab amüsierten sich köstlich. Beim Leichenschmaus fragte der Grabredner, warum alle so gelacht hatten, worauf einer antwortete: „Gehört hat dich der Jakob vielleicht vom Himmel aus, verstanden hat er dich sicher nicht!"

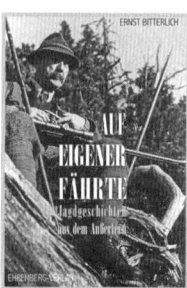

„Auf eigener Fährte – Jagd-geschichten aus dem Außer-fern" (ISBN 3-901821-01-5):
Der Reuttener Forst-meister Ernst Bitterlich (1877-1957) verfasste bis zum Sommer 1949 seine weidmännischen Erfahrungen. Er schildert spannend und unterhalt-sam seine Jagderlebnisse, Anekdoten, Erinnerun-gen an Jäger-Originale sowie Wilderer- und Schmugglergeschichten.

„Mein Reutte – Siegfried Singer erzählt" (ISBN 3-901821-05-8):
Der Bestseller des Reut-tener Altbürgermeisters, mit Illustrationen von Wolfgang Maier. Der Autor ruft vergange-ne Begebenheiten in Erinnerung, macht Ver-gessenes wieder lebendig und skizziert skurrile Ereignisse. Im Anhang: Haus- und Straßenna-men von Reutte.

„Expedition Außerfern – Geschichten und Eindrücke einer elftägigen Wanderung rund um den Bezirk Reutte" (ISBN 3-901821-06-6):
Der Bericht einer Be-zirks-Umrundung des Vilsers Reinhold Schrettl ist mehr als das Tage-buch eines sportlichen Grenzganges – es ist die Geschichte von Men-schen, Schicksalen und Sehenswürdigkeiten rund ums Außerfern.

„Bloaß it lugg lo" (ISBN 978-3-901821-17-2):
Bloaß it lugg lo! – so lautet nicht nur der Titel ihres zweiten Buches, sondern auch die Lebens-einstellung der Autorin. Das Reuttener Original Annemarie „Mizzi" Tuschl begeistert mit ihren herzerfrischenden Mundarttexten. Zwi-schen den Zeilen lesen lohnt sich!

„Wer andere in die Grube schickt – ein Mallorca-Krimi" (ISBN 978-3-901821-22-6):
Autor Kaspar Panizza zeichnet ein lebendiges und humorvolles Bild von Menschen und skurrilen Begebenheiten im Aus-steigerparadies Mallorca. Mörderisch sind aber die rätselhaften und kaltblü-tigen Verbrechen, die so gar nicht ins Urlaubsbild der Insel passen ...

„Kriegserinnerungen – persönliche Aufzeichnungen von 1942 bis 1945" (ISBN 3-901821-03-1):
Der gebürtige Reuttener Walter Bitterlich, als Erfinder der berühmtesten Forstmann der Welt, legt anhand von eigenen Erfahrungen, Schicksalen und Briefen an die Fami-lie schonungslos seine Gefühlswelt und unvor-stellbares Leid offen.

**„In ein fernes Blau –
lyrische Texte" (ISBN
3-901821-07-4):**
Die Reuttenerin Gertrude Eckl-Schwaiger veröffentlicht mit diesem Band eine Auswahl an Lyrik aus ihrem umfassenden Werk, in dem sie ihre Erlebnisse und Erkenntnisse aufgearbeitet hat. Ihre offenen Worte berühren und finden den direkten Weg zum Herzen.

**„rückenansicht – gedichte"
(ISBN 3-901821-11-2):**
Drei Jahre nach ihrem Tod geschieht nun doch, was Almuth Becke-Windrath selbst noch realisieren wollte, ihr dazu aber keine Zeit mehr geblieben war: Ihre feinfühligen Gedichte – fertig in der Schublade lagernd – werden abgedruckt nun ihre Unvergänglichkeit behalten.

**„Außerferner Eigenart – eine menschliche
Spurensuche" (ISBN
3-901821-08-2):**
Der Reuttener Wolfgang A. Ruepp begibt sich auf Spurensuche nach den Eigenarten der Außerferner. Es ist ein Buch voller Fantasien und Wahrheiten, von dem der Autor sagt: „Ein jeder von uns kann sich suchen in diesen Texten und auch finden."

„Lawinen" (ISBN 978-3-901821-16-5):
In der Nacht vom 10. Februar auf den 11. Februar 1984 brach die Ahorntallawine über das Dorf Boden herein, wie durch ein Wunder blieben die Menschen verschont. Walter Lechleitner schildert anhand persönlicher Erinnerungen die damaligen dramatischen Geschehnisse.

**„Das verschworene Tal"
(ISBN 978-3-901821-18-9):**
Inspiriert von historischen Personen, überliefertem Brauchtum, den Resten einstigen Bergbaues sowie den Naturschauplätzen der Lechtaler Alpen verfasste Walter Lechleitner einen fesselnden Historienroman über den wahren Wert von Liebe und Freundschaft.

**„Retter der Heimat" (ISBN
3-901821 19-6).**
Basierend auf historischen Tatsachen erzählt Walter Lechleitner mit seinem Fortsetzungsroman des Buches „Das verschworene Tal" die berührende Geschichte der Nachfahren seiner ersten Romanhelden, die für sich und viele andere eine bessere Zukunft gestalten.